Lo que amo de ti

Kelvin Vallecillo

Lo que amo de ti.

Kelvin Vallecillo.

Todos los derechos reservados de autor.

Honduras 2024.

Revisión: Editorial El Tintero Catracho.

Edición 2024.

ISBN: 9798873350407

Correo de autor: kelvinvallecillo18@gmail.com

Amazon: https://amazon.com/author/kvallecillo

Facebook: Kelvin Vallecillo

Lo que amo de ti

Kelvin Vallecillo

Dedicado

A Reina Rápalo.

Quien también es la portada de esta obra.

Agradecimientos

A mis amigos German Mauricio Mejía, Darwin Murillo y José Paredes.

Y cada uno de ustedes, mis lectores, que hacen eco con encanto de mis letras.

PRÓLOGO

Atraes lo que eres, esto fue lo que me sucedió con mi ahora amigo y apasionado poeta, Kelvin Vallecillo. Un hondureño extraordinario, santabarbarense, como se describe desde su primer poemario, es un aventurero literario, con ideales sociales, de sus letras enfocado en las prosas románticas, admirador de las artes en todas sus representaciones, siendo la literatura con lo que se ha conducido, destacándose en poco tiempo.

Precisa que usted lector de exquisitos gustos disponga su mente, tiempo y atención al momento de adentrarse en las vibras de las líneas que le continúan a este prólogo, es como si se dispusiera a degustar del más apetitoso de los manjares servidos especialmente para usted; cada encuentro con este poemario será su momento favorito del día, cómo lo fue para mí el dedicado a leer esta obra.

El amable lector sabrá degustar cada uno de los poemas que entre por sus ojos, toque su mente y conmueva su corazón; por favor, prepare su bebida favorita, un buen sillón y un corazón abierto presto para nutrirse de la belleza de estas letras.

Sonia R. Vindel.

Mis poemas son partículas inefables
de todo *lo que amo de ti.*

Sonrisa

Es tu sonrisa,
del mar: sus olas intensas,
de la existencia: su fruto más dulce,
del viento: su melodía más hermosa,
para mi corazón: erupción de amor,
portal a un beso aroma de vida
¡Oh! perdona vivir tan enamorado,
de su sonrisa, mi sonrisa favorita.

Desvelos

Ven a mis brazos,
recuéstate un poco,
libérate de esos desvelos
rema en este barco,
a la luna dale tus ojos
ella será el foco
y abrigo para tus sueños.

Ojos café

Ojos tiernos y coquetos
presencié en los momentos
más infames de mis días,
son luz de mi encaminado
sendero de amor que
hacen palpitar el corazón.

Ojos iluminados por el astro rey
me han hipnotizado,
perplejo, encantado, distraído
como vagabundo he quedado,
pues no juzguéis son
ojos café que he encontrado.

Dama de oro

Plumas de acero
decoran damas de oro,
como a ti ¡Amada mía!
que mi alma recorres,
sol de verano sonoro,
tus sonrisas, únicas de encanto,
capullo de primavera,
mi corazón enciendes;
amarte sin límites lo que añoro,
verte es una caricia del destino,
mis besos en tu piel florecen,
el sendero adornado
con los pétalos de mi amor
¡Oh amada mía! Mi dama de oro.

Agonía

Puedo entregar mi existencia
en un simple trato,
enmarcar tu perfecta presencia,
decorada de neblina de la naturaleza
y la que mis ojos derraman,
diluyéndose entre hojas secas,
en mi agonía,
crean el pasillo para su diosa
que en suaves latidos del alma con
la mañana de dulce lluvia,
cierran el telón de mis sueños,
terminando en tu caricia al cielo,
aquel que sonríe,
del paseo de nuestras pasiones
en su prodigioso paraíso.

Rosa

Encontrándola en bordos de soledad
sentí su dulce aroma,
recorrí hostiles caminos
hasta llegar a acariciarla,
tan mágica su piel que entre escalofríos
despertó la pasión,
al levantarla con mis sublimes manos
por algún motivo encendí su alma,
aquella que sacudió sus nostalgias
para aferrarse a mi cuerpo,
y en mis pieles decorar su amor,
aquel que tan divina rosa
denegó entre sus entrañas tener,
para solo a mi espíritu llenar
¡Oh mi tierna y eterna rosa!

Amarillo

Atavías mi paisaje con tus encantos,
eres la alegría de mis ojos,
ese atuendo amarillo que flamea ante mi piel,
enciendes el alma como llamas del sol ,
mueve más de eso, tu armonioso cuerpo,
me transporto a tu lado
en ese viento que me lleva a besarte
y con mis pinceles en poesía adorarte.

Sentimientos

Se siente tanto en el
palpitar de mi pulso
arrancan mi calma,
son desafiantes,
colapsan mi sobriedad,
se revelan a cada instante
no puedo controlar más su actuación,
es una locura lo que me causan.

¡Sentimientos!
Terminarán matándome
sino llegas a calmarlos,
inquietan mi corazón y mi piel,
mis labios hacen exclamar que te aman,
en suspiros que le robo a la luna
apaciguan su tristeza, con la esperanza
que los recibas un día cualquiera.

Ángel mío

¡Oh! Ángel mío,
quiero entre tus alas
pintar mis besos,
que absorbas
la tinta de mis versos,
así marcar más que tu cuerpo
también tu alma.

Lluvia

Abrazándonos en su universo
caen las gotas en nuestros rostros,
suavemente se mojan tus mejillas,
mientras nuestros labios
se empapan de amor,
con un sutil beso…
Un aguacero más fuerte
desmiente mi corazón,
que apasionado te sueña,
ahí en la intemperie,
donde solo estoy,
esperando tu amor,
ya en la agonía de la lluvia;
ven, esfumemos la ilusión
y vivamos una tierna pasión,
hoy, bajo la lluvia.

Obsequio

Junto al sonoro de los corazones
que has creado,
obsequio mi abrazo dulce y tierno
como tus caricias de antaño,
una flor hecha de estrellas decorando
cabellos que te arropan este día,
brillan las esmeraldas de tu alma
alegres y festivas en tiernas miradas
que obsequian tus bellos ojos.

Esencia

Infinita,
la gracia emerge de tu alma,
pintando la ternura en tu rostro,
miradas celestiales,
silueta bañada en la brillantez
de tus cabellos que diseñan
curvas de encanto,
sonrisas llenas de magia,
eres melodía del universo
cuando tu voz emana,
tu existencia es la esencia
de armonía de vida,
esencia de mujer.

Vestido rojo

En cada movimiento de tu cuerpo
pintas deseos de acariciar tu rostro,
de perderme en los ojos pasionarios
que desprendes al estar frente a ti.

Enciendes la noche con tu voz,
suplico, un poco de tu ternura
como estrellas mojando mis labios
tu alma dispuesta a tatuarse en mí.

Recuerdos que no puedo detener
siempre vienen y adornan mis noches
con atuendos, me cubren de pasión.

Te veo con ese vestido rojo
y quiero llenarme de tu energía,
eres el ángel de mis anhelos.

He pensado en ti

Sabes, hoy pensé en ti,
venían tus recuerdos,
quería tenerte ahí, escuchando el palpitar
de mi corazón, por tu presencia.

Miraba el cielo tejiendo túnicas perfectas
para tu cuerpo de esta noche,
tengo esa sensación de tenerte acá
viendo las estrellas conmigo.

He pensado en ti, en los momentos
que tu sonrisa engalana mi existir,
en tu tierna voz con la que me hipnotizo,
sí, he pensado en ti.

Pregunto al universo sí
¿Tendré el honor de vivir en tus recuerdos?
Porque en mí, al pensarte mi mundo se estabiliza,
en mi corazón vives, dándole sentido a mi existir.

Mujer

Benditas caricias
tiñes en mi alma
sublimes para la eternidad,
historias esplendidas
vuelven tus besos,
con imaginar el amor
que en ellos desprendes.

¡Bendita su existencia!
Sera siempre parte
de profundos pensamientos,
he encontrado el universo
pintado de tu encanto
¡Oh! mujer de mis versos.

Rostro de verano

Bañado de ternura luce
ese rostro de encanto,
esta radiante tarde de verano,
los pájaros entonan tiernas melodías,
la noche prefiere esperar para aparecer,
enviará sus estrellas para sublimemente
adornar su existencia.

El viento acaricia su rostro,
me surgen celos de ver el universo amándote,
en un agónico intento de ofrecer tributo
voy a plasmar tu existencia con suaves besos,
en las rosas que pueda entregar,
en las letras que llegue a dedicar,
ineludiblemente en mi alma te guardaré.

De ella emana la brillantez de la luna, pues su silueta guarda el diseño del mismísimo universo.

Kelvin Vallecillo

Ella es, mi poesía

-¿Qué es poesía para ti?- Preguntaron,
bañado de certeza, -!Ella!-, respondí,
-en términos literarios-, dijeron;
cada letra es un contacto con su verso,
las estrofas son vestiduras de su alma,
los poemas textura de su existencia,
-esa sería tu definición a tu poesía-,
insistieron,
-¡Así es!-
Exclamé, con mis ojos iluminados de amor,
se las describiría, pero...
¡Ella es infinita!
Ella es, mi poesía favorita.

Sueño

He dormido para soñarte,
mi alma se estremeció de tenerte ahí,
tu cabello suelto entre la brisa fuerte
que te acariciaba,
esa tierna sonrisa siendo el adorno perfecto,
más la dulce voz que engalana tus frases,
fue tu abrazo un acto mágico,
acariciar tú rostro me ha llenado de emoción,
de paz; por instantes tan solo quiero regresar y decir
que te quiero,
esa noche fue noble al callar todo bullicio,
y solo dejar las caricias de la lluvia,
volviéndose serenata,
cual siempre quiero ofrendarte,
desperté viviendo imaginándote
pero ¡Anoche soñé contigo!

Diles

Diles alfa y omega de este paraíso,
pieza única de perfecta sincronía,
rebosante girasol en mi campo pasional,
diles que has hechizado el alma, las pupilas,
las pieles de quien tienes en frente,
diles que veo las estrellas pensándote,
que la luna y el sol marcan el ritmo
de tus recuerdos en mi corazón,
diles que atavías este universo,
que ruedan los años solo para firmar tu existencia,
diles que mis letras han colapsado,
dile a tus labios que emanan las más exquisitas
caricias a los tímpanos de este mundo,
a tus manos, que vuelven realidad la ilusión de un
abrazo mágico,
mientras tus benditas piernas diles que sigan
pintando tu silueta en este inefable recorrido,
diles, diles a quien sea, a tus pensamientos y
recuerdos, a tu cuerpo, a tu corazón,
a los nuevos días, a los nuevos mundos,
a tu alma, diles… que te amo.

Noches de amor

Son mágicas las noches,
cuando te puedo presenciar
en cuerpo y alma;
Ahí donde nadie nos entiende
viviendo lo más importante de la vida
¡El amor! Es mágica está noche.

Quizá la luna llena nos hipnotiza;
En mis agitadas palpitaciones,
sintiendo tus sublimes susurros,
calmándonos con dulces besos,
pasiones expuestas al universo
volvemos nuestro amor abstracto
invisible para los que temen amar.

Orgullo de los dioses somos,
pues hemos entendido,
lo que a nuestras armoniosas e
inefables almas adoran ejercer,
anhelo, eternos sean estos momentos,
que sean tan solo
¡Nuestras noches de amor!

Abrázame

Con gotas llenas de bullicio
el frío del mundo acaricia la noche,
la inercia de mi tristeza
se diluye entre tus dulces palabras,
es tu presencia que inspira mis pasos;
Susúrrame que estás ahí
mientras se silencia nuestro alrededor,
la fogata en tus ojos
filtrándose hasta mi alma,
trae ese calorcito en mis turbios deshielos,
ven píntame tu sonrisa
y en este cóncavo espacio del universo
¡Solo abrázame!

Noche estrellada

Me pierdo
en el inmenso cielo
de esta noche,
percibo en cada estrella
tus besos
que perforan mi alma
de amor u olvido.

Ansias de amar

Es una noche de encanto,
el radar de mis ojos te encuentras ,
tu obra acariciando mis oídos
con esa voz sublime,
brazos alzando deseos de abrazarte,
fuerte y con dulzura logran atraparte.

Que escuches mi corazón palpitar
me convence aún más de besarte enérgicamente,
tal vez me odies, o me ames;
despiertas mis candentes ansias de amar,
mírame y toca mi rostro
para perdernos en nuestro mundo de amor.

Dulce sueño

Como una blanca tarde de invierno
has llegado a mí,
son tus labios rosa que resaltan
para sentir mis besos,
ahí, con la mirada de
tus suculentos ojos
caigo en mi dulce sueño,
abrazando la paz
que tu alma me entrega,
solo acariciaré tu cabello,
para traerte conmigo
en tus libres fantasías.

Ven

Ven, calienta mi alma,
el frío está cubriendo
mi último recuerdo tuyo,
no quiero congelarme así.

Sé que estás ahí
tan sólo háblame y salvarás
a este corazón que por ti
colapsa de amor.

Ven, enciende mi alma.

Noche

Noche, de mi día el final
de mi amor, el alba.

Florece en cada segundo que la luna
ilumina tus labios.

Que las estrellas hacen brillar tus ojos
y en donde mi presencia acelera tu corazón.

Sí, es la noche mi extracto favorito del día,
en esas que mis emociones no permiten descanso.

Solo amar nuestras almas
esta, nuestra soñada noche.

Tristeza

He sentido la tristeza
mi vida de gris se pinta,
su recuerdo aún en mi amargura
llena de tinta mi corazón,
para adorar tu corteza
con mis pinceles llenos de nostalgia,
solo calman tu prodigiosa silueta,
tus pieles cubrirían las heridas de tu ausencia,
anhelos de amarte socavan mi fuerza,
rompen el silencio en la pronta noche,
pues no tenerte, causa esta cruel tristeza.

Entre tus brazos

Hay instantes infinitos,
que son el diseño
perfecto de sonrisas,
las caricias
mas profundas a mi alma
se encienden en tu corazón;
tan alegre,
rebosante de cariño,
lleno de ternura,
de mis ojos
la dicha de verte,
ángel de mis sueños,
mi existir
un columpio de emociones,
que se impulsa
en la paz
que encierra abrazarte,
mi dulce compañía.

Silencio

Es la inmensidad de mis días
volviendo efímera la noche,
ve solo resonar tu existencia en mí ser,
mágico vuelve mi vivir con caricias de la vida
que traen aroma de ti.
Pero… he cedido ante el silencio que me arropa,
blindando la inercia de gritarte mi amor.

Un universo susurrándome no hacer caso
y seguir su danza de eventos que me lleven a
encontrarte, donde mi corazón explotaría de pasión.
¡Incitante silencio!
Vuelve a frenarme de exclamarte mis emociones,
permitiendo enviar tan solo mis suspiros,
entre gráciles movimientos de las estrellas que
acompañan mi agonía.

La luna presta esas pupilas que en ella dilatas,
el viento talla tu dulce voz y tiernos besos,
piadosa es la noche que me entrega al sueño,
termino encontrándote y viviendo entre el bullicio
de nuestras almas,
alcanzo el despertar en una nostálgica alba,
recordándome que seguiré sin reposo alguno,
en silencio amándote.

Flores amarillas

Desfilan ramilletes con matices
que erosionan de su existencia;
son sonrisas, sus miradas, su piel,
que dan textura al inmenso jardín
de su existir.
Alegría y amor es su alma teñida en oro,
estimulante y brillante
¡Oh, diosa! Que decoras la vida,
luz inmensa del color a corazones
envueltos en flores amarillas,
cual belleza surge,
tan solo de tu universo.

Diosa

En la pasión que tus labios rojos emanan,
siento la magnitud de tu corazón,
tan bella dama hoy luces la alegría de tu alma,
tocas el cielo con tu encanto.
Tan sublime es la existencia
que acaricias nuestro suelo,
el universo feliz ve a su doncella escalar
y ser la diosa de la vida
en aquel planeta donde su magia ya reina.

Beso

Al sentir su piel en mis labios
se exaltan tantas emociones,
la brillantez de mis ojos
ante el reflejo de su cuerpo
intensifica las caricias,
con la energía del sol que nos baña
caen a mil pedazos mis pensamientos
y se vuelven acciones, que estimulan
la efervescencia del amor,
siendo yo, un simple servidor del universo
estoy acá,
adornado por su presencia y
naufragando en mundos mágicos
con tan solo unirnos en un dulce beso.

Más cuando en ti pienso, se filtran mis letras, entre tintas del corazón.

Kelvin Vallecillo

Rojo

Rojo, de mis ojos el favorito,
dulce pasión de mi corazón,
encanto que mi existencia absorbes,
amor siendo única intención de vivir,
besando tus labios vino tinto,
entre mantos rojos que me enamoraron.

Lo que amo de ti

Llenas el mundo de encanto,
inteligencia, valentía;
marcas el reflejo de tu corazón
pensando en grande tu vida,
lo que mereces en esos anhelos están.
Quiero abrazarte y deslumbrarme de ti,
es indiscutible lo inmensa que eres,
amo eso,
tu alma brilla diferente, llena de paz
de seguridad y entusiasmo;
mi alma colapsa ante tu esencia,
vive en cada verso,
una fugaz explicación
de lo que amo de ti
¡Oh bendita dama!

Reina

Armoniosa, capaz, apasionada, valiosa,
inigualable, colmada de inteligencia,
sos alegría de primavera
en este jardín llamado universo,
la flor más radiante,
sentido de mí existir,
tu sonrisa, la magia de tus voces, de las estrellas su
más resplandeciente, perforando mi sentir;
perfecta silueta de ángel,
veo tus ojos ¡Oh reina! Alza tu mirada,
da brillantez y alegría a este día, a esta vida.

Destino

¿Estoy en tu presencia?
Tu caricia me intriga saberlo.
¡Amado universo!
¿Estás viéndome?
Porque insistes en marcar tu infame
amor en mis delirios de amar,
estremeciéndome con su rostro,
sabes que pensar en su existir
se llena de magia mi mundo,
como la tarde infinita se vuelve acaso,
O tan solo mi ser se ha detenido,
Como nueva entidad al escuchar su nombre
llegando con las ondas de este viento fuerte,
que se vuelve huracán en mis adentros.

Has enviado su recuerdo
como mi mayor debilidad,
ahí a mi alma donde siempre habita
¡Vida!
Déjame escuchar ese pajarillo
entonar las melodías que de su voz escuché amaba,
serena mis ojos y déjalos observen tu seducción a la
existencia reflejada en su silueta,
de rodillas seguiré, súplica siniestra para lograr tu
comprensión. Oh vida, sácame de este sueño,
mueve tus alas y lleva mí enamorado corazón
hasta su presencia,
no me culpes que vaya acariciando tu rigidez,
es tan solo mi ser dispuesto amar,
a quien ya conoce su destino de amorío.

Soledad

La tarde
con su palpitar lánguido,
convierte todo en un desierto
tiñendo el día de gris,
la soledad me atrapa
y transforma mis sentimientos.

Luna llena

En noche de luna llena
resaltan de las altas montañas
estos anhelos de amar,
suspiros que alcanzan el cielo,
pensamientos que acaloran la noche,
los deseos de verte
extinguen la idea de dormir,
quedaré un rato más en la altura,
mi silueta en la luz nocturna
difuminándose ante tu olvido.

Ángel

Se mi Ángel de pasión
endúlzame la mañana con tus besos,
vuélveme a la vida con tus caricias y
combinemos nuestros atuendos.

Arrópame suavemente con tu cabello y
haz de mi lo que tu alma quiera,
ten mi cariño, toma mis manos,
mi corazón y mis labios, que quiero
llegar hasta tus ardientes emociones.

Enmarquemos el amor,
dame la dicha de volar contigo
para darte el honor de conocer un mortal
en cuerpo y alma,
se mi ángel de amor, esta efímera vida.

Mirada

Me he perdido en aquella
dulce y pasionaria mirada,
fue un sutil momento donde
sentí el latir más fuerte mi corazón,
era la sublime armonía de tu rostro
que entonaba mis intensos sentimientos.

Inefable

Exquisitos los ojos que brillan
ante su presencia, amas la vida,
lo demuestras con tan sutiles gestos;
armoniosa tu sonrisa,
vivirá su dulce alegría
en el recuerdo de tiernos pensamientos;
silueta hermosa en tu inefable alma,
llena de esencia, de valentía y amor,
has llegado como ángel
otorgando felicidad
a sublimes corazones.

Encuentro

Sentí tu aroma inigualable
intuía estar soñando,
pero estás en ese fiable
recuerdo de tu silueta,
armoniosa e impensable,
tus labios mi piel erizando,
disfruté conocer tu existencia;
con un beso a tu cabello regreso
de ese aventurero encuentro.

Emociones

La noche oscura libera tu magia,
baña mi alma con tu encanto;
vaya utopía pensar que volvería,
inefable realidad es,
me sumerge entre recuerdos
un cumulo de emociones
que detonan en mí,
eres inigualable,
obra singlar del universo.

Encanto

Adornándose aquella tarde de mayo,
sintiendo la presencia mágica
de tu dulce encanto,
cual las flores sienten celos.

Se palpita tu caricia en mis labios
con tan solo pronunciar tu nombre,
con doncellas vestidas de oro
las que custodian tu presencia.

Has causado del aroma de aquel café,
el perfecto acorde para seguirte
y dejar la tarde aquella
para de tu existencia ser artista.

Mi existencia

Me visita el recuerdo
de tan dulce princesa
llena de encanto y belleza,
de pura emoción me pierdo.

Oh que dicha de besarla
dió sentido mi existencia
al brindarme su presencia
y el privilegio de amarla.

Pasiones

Acariciando la eternidad con aquel beso,
sintiéndose las pasiones al tocarte,
vivos de ternura;
ahí en el centro de la noche,
donde ya no hay pesadillas,
solo el sublime aroma de amor que nos envuelve,
mientras miro tu rostro, empapado de dulzura,
quiero seguir ahí en esos pasionarios pensamientos
que me causas,
pero, más en la profundidad de tu corazón,
donde puedo acariciar tu tierno ser.

Invierno

Rebosantes de amor nuestras noches,
besando tus dulces labios,
tu melodiosa voz hipnotizándome,
perdiéndome en tu inquieta mirada,
acariciando tu cuerpo, escapo del frío,
no pidiendo más nada, que estar a tu lado,
vivo tan intensos días, volviéndose mi rutina.

Estoy encantado, adorando tu presencia,
tu silueta luce perfecta,
aún más tu amor que emana desde tu interior;
el ruido de la lluvia trae calma
a nuestras agitadas almas;
esplendorosos anhelos que nos surgen,
para dormir armoniosa y profundamente;
despertando entre tus brazos,
en eternas ¡Pasiones de invierno!

Mira el cielo, observa las estrellas que enmarcan las letras que mi alma te dedica, infinitas... como mi amor por ti.

Kelvin Vallecillo

Aquel amor

Entre suspiros por aquel amor,
cielos que acarician sublime mis pupilas,
montaña que me llena de valentía
más en llamas vive mi corazón,
siguiendo la danza de encantos,
llego a mis sembradíos,
esos permanecen aferrados a mí ser,
una espiga que se engalana y renueva
como cada cosecha,
seduciendo la razón de volver a pensarte,
cual por siempre es quererte.

1600

La armonía de la vida
desde tus ojos florece,
me anima a dibujarte en mis sueños,
esa caricia que con tus labios trazas,
quédate ahí, sonríe,
estas exaltando mis emociones,
las que por tu encanto
se ensanchan de amor,
dulce dama, dulce silueta;
envenena o hechiza mi alma,
pero de nuestra historia
vivamos 1600 recuerdos.

Engalanar

El ángel que nace en el alba
de un día de encanto,
se adorna dando paz a su existencia,
un cielo despejado,
con el sol de anfitrión
atavían la presencia de su alma,
hasta el ocaso, la luna aparecerá
con sus doncellas,
las magníficas estrellas,
para cerrar la fiesta,
es la noche encargada
dar un beso adormecedor
y con un sueño de amor
engalanar su preciado ángel.

Rendijas

Entre rendijas rotas de mi alma
galopan marchitos mis sentimientos,
es la luna y su magia
filtrándose en mis noches,
renovando mis sueños,
donde eternamente puedo amarte.

Mago

Tu inmensurable ser
tatuado en mi alma tienes,
imagino un día poder abrazarte,
zambullirme en tus emociones,
acariciar tu suave rostro,
besar tus melodiosos labios,
al solo verte erizas mi piel,
tu encanto al aire libre ante mis ojos
me vuelve un hombre de arte,
un mago de amor.

Silueta

Cae la tarde ardiente de sol,
con la pasión que me enciende tu silueta.

Mujer diamante sancy, tejida de sabiduría y
encanto, inmensa para diseñarte.

Con nuevos atuendos que la vida envía para ti,
mis letras, mis caricias, suspiros y amor en tu alma,
son decoraciones eternas.

Para que te quemes conmigo no con el sol,
deja enmarcar tu silueta al universo
con mis besos de primavera.

Tarde

Me acompaña un café
¡Un te amaré!
Saliendo en suspiros de mi corazón,
pretende viajar con este
movimiento de primavera,
esperando te encuentre,
también lo entregaré acá
¡Una tarde!
Cuando tenerte
sea lo que el viento enmarque,
y de mi café,
puedas degustarte,
mi cariño brindarte
para nuestro amor de verano
nunca poder enfriarse.

Magia

Recordando aquel maravilloso momento
en que llegabas, era la energía de tu ser,
irradiando encanto divino y sentimientos
nunca antes soñados, así la sensación de
amar más magnifica eres.

Realmente estoy agradecido por
aquella sutileza del universo al
permitir tu inefable ser encontrar en los
andares de la vida, declaro que,
la dicha de sonrojarme ante tu nombre
o pensamiento, es la magia de existir.

Labios

Eran sublimes movimientos,
mientras mi universo besabas,
ataviaste la existencia con ese
encanto expuesto desde tus labios.

Exclusiva silueta de mi alegre día,
silencia mis palabras con tus besos
y sigue pintando las letras de mi mundo,
que resuenan en caricias a nuestras almas.

Paz de diciembre

Caminando por las calles
encuentras la magia en cada esquina,
vagar por corazones
también trae encanto,
esperar la oscuridad de la noche no es malo.

La luna a medio camino es paz de diciembre,
así voy, moviendo emociones
desde aquella de las conversaciones
hasta las de una sonrisa prófuga
en el incendio de una pasión.

Anhelo

Nos rodeaba el encanto natural
el fuego de nuestras almas ardía
henchidas de pasión y deseo
Se equilibraban con el universo
sacudiendo nuevas emociones
Solo el tiempo jugando en contra
de un destino tan anunciado
esa noche de luna llena, no llegaste;
solo quedaron los escombros
de aquel inverosímil anhelo.

Mirarte

Necesito mirarte otra vez,
estar ahí, perplejo a tu arte,
cayendo la esperanza
que aún tenía de abrazarte
se oscurece la noche,
viéndome vivir un momento contigo.

Rugen desde el fondo la valentía
que hará soltar mi temor
para enfrentar tu amor y conseguir
el anhelo de mi corazón.

Sino tan solo será la mejor de las derrotas,
apagadas mis emociones se ven,
solo expectantes por que tus dulces labios
vuelvan a encenderlas,
para decirte que necesito mirarte
porque siempre voy a quererte.

Quédate

Quiero eternamente con mis letras
describir tu magia,
vive mis sueños y marca mi destino,
estoy tan cerca de tus labios
que siento el palpitar del corazón en ellos,
el universo baña tu cuerpo
con suave rocío
de aquella tormenta de amor;
irradiada con sublimes ojos,
sigue mirándome,
que creas mundos infinitos en mis pupilas
¡Quédate!
En tu perfecta silueta
de por vida me quiero hipnotizar
¡Quédate!

Ella dijo que le escribiera un poema; si me inspiraba, claro, sin saber que en mi alma guardaba todas las combinaciones posibles del alfabeto para hacer poesía, solo para ella, pues ella, es mi poesía.

He firmado tu eterna existencia
en mi alma.

CONTENIDO

Lo que amo de ti
© Kelvin Vallecillo

Made in the USA
Columbia, SC
12 February 2024

31312888R00057